HE ESTADO EN LA CIMA DE LA MONTAÑA

DR. MARTIN LUTHER KING JR.

HE ESTADO EN LA CIMA DE LA MONTAÑA

Prólogo de Eric D. Tidwell

Epílogo de Mandy Bowman

Traducción de Daniel Saldaña París

MartinLuther
KingJr.*Library*

MartinLuther
KingJr.*Library*

Traducción: Daniel Saldaña París

En asociación con 

Licencia otorgada por Intellectual Properties Management, Inc., Atlanta, GA, licenciante exclusivo de The King Estate.

Título original: *I've Been to the Mountaintop*

Publicado en inglés por HarperOne en los Estados Unidos de América en 2024

PRIMERA EDICIÓN EN ESPAÑOL, 2024

Diseño: Ralph Fowler

Arte © Grunge Creator / Shutterstock

Este libro ha sido debidamente catalogado en la Biblioteca del Congreso de los Estados Unidos.

ISBN 978-0-06-338402-6

24 25 26 27 28 LBC 5 4 3 2 1

Prólogo

El 3 de abril de 1968, el reverendo Dr. Martin Luther King Jr. ofreció un discurso espontáneo en el Templo Mason de Memphis, Tennessee. La reunión pretendía conseguir apoyo para la venidera marcha en solidaridad con los trabajadores del saneamiento de Memphis en huelga. Ese día hubo tormenta y fuertes lluvias, y no se esperaba una asistencia tan masiva. El Dr. King planeaba pasar la tarde trabajando en la Campaña de los Pobres, que lanzarían dentro de poco. Le confió la reunión del Templo Mason a sus colegas ministros.

A pesar del clima tormentoso, hubo una gran asistencia, y los presentes clamaban por escuchar al Dr. King. En el Motel Lorraine, a sólo cinco minutos de ahí, el Dr. King se enteró de que sus partidarios en el Templo Mason realmente querían escucharlo y que sería mejor que fuera a dar algunas palabras. Él era plenamente consciente de la importancia de la marcha, ya que se había pospuesto la anterior, del 28 de marzo, pues había sido interrumpida por un grupo externo que se infiltró en la causa y generó violencia. Ese discurso quedó inscrito en los anales de la historia porque sería el último que daría el Dr. King. Al día siguiente, el 4 de abril de 1968, fue asesinado en el balcón del Hotel Lorraine. El discurso fue acertadamente titulado «He estado en la cima de la montaña», por la metáfora que el Dr. King utilizó para describir su profética visión del futuro.

Este discurso presenta tres paralelismos notables con el icónico discurso del Dr. King intitulado «Yo Tengo un Sueño». 1) El magistral uso de una parábola por parte del Dr. King para delinear una situación (tener un sueño, llegar a la cima de una montaña); 2) La improvisación, dado que la última parte del discurso del sueño fue improvisada y espontánea, y el discurso de la cima de la montaña fue completamente imprevisto; 3) Sus finales, porque aunque ambos discursos abarcan una gran cantidad de temas, los dos encuentran su momento más destacado en las últimas estrofas (la descripción del sueño del Dr. King y la descripción de estar en la cima de la montaña). Como en el caso del discurso del sueño, sería un grave error y una cortedad de miras de parte nuestra concentrarnos sólo en la parábola del final y no comprender completamente el contexto del discurso.

Dicho esto, uno no debería tomar a la ligera la profética premonición que hace el Dr. King de su propio desenlace en la parábola de la cima de la montaña. Y tampoco debemos ignorar el llamado del Dr. King a apoyar la huelga de los trabajadores del saneamiento.

Sería prudente analizar el modo en que el Dr. King llama a los individuos a apoyar a los trabajadores del saneamiento. Habla del poder de la unidad y del poder del boicot económico. El poder y la efectividad del Movimiento por los Derechos Civiles se debió, en gran medida, al poder de la unidad. Un hombre actuando por sí mismo quizás no llame la atención de los poderes fácticos. Pero miles de ciudadanos actuando al unísono exigen la atención de alcaldes, gobernadores, senadores y presidentes. Con esa finalidad, el Dr. King se sirve de una referencia bíblica a los faraones: «Como saben, cuando el faraón se propuso prolongar la esclavitud en Egipto, tenía una fórmula predilecta para hacerlo. ¿Cuál era? Mantener a los esclavos peleando entre ellos. Pero cuando los esclavos se unen, algo sucede en la corte, y el faraón no puede mantener a los esclavos en la esclavitud. Cuando los esclavos se unen, ese es el comienzo del fin de la esclavitud. Así que mantengamos la unidad». El Dr. King llamó a crear un frente unido en apoyo a los trabajadores del saneamiento porque conocía la fuerza de los números. Había visto el poder de un frente unido desde 1955, con el boicot a los autobuses de Montgomery, y su continuación por los siguientes trece años de Montgomery a Memphis. El Dr. King llegó a hablar de la imparable fuerza de la resistencia no violenta. La manera en que la unidad era la clave, no solo en todo el movimiento, sino también en el empleo de los métodos de la no violencia, que aprendió mediante su diligente estudio de Mahatma Gandhi. Discurrió sobre cómo en Alabama habían utilizado perros y mangueras contra los manifestantes, sin resultado. Los manifestantes siguieron cantando «No voy a dejar que nadie me detenga». Ese fue su llamado a los asistentes al Templo Mason a participar en la marcha y a hacerlo de forma no violenta, ya que dicha estrategia seguía siendo efectiva.

Además, el Dr. King habló de la unidad económica mediante el boicot. Llamó a boicotear las principales corporaciones que incurrían en prácticas injustas de contratación y empleo. Su indicación fue boicotear algunas de las mayores empresas de comida y bebida de su tiempo. El Dr. King había aprendido sobre el impacto económico del boicot durante el boicot a los autobuses de Montgomery, cuando los ciudadanos

Negros de Montgomery casi hacen quebrar a la línea de autobuses al retener el dinero de los Negros durante más de un año. El boicot económico puso a la ciudad de rodillas. A la vez, el Dr. King llamó a apoyar los negocios propiedad de Negros, usando bancos y compañías de seguros como ejemplos. El Dr. King declaró: «Pero no solo eso; tenemos que fortalecer las instituciones Negras. Los exhorto a todos a sacar su dinero de los bancos del centro y depositar su dinero en el TriState Bank. Queremos un movimiento de "bancos propios" en Memphis». Hay quienes han criticado al Dr. King porque sienten que la integración con los negocios blancos ocurrió en detrimento de los negocios propiedad de gente Negra. Pero el Reverendo Doctor aclara en su discurso final que ha alentado enormemente el apoyo a los negocios propiedad de gente Negra.

Asimismo, el Reverendo Doctor habló del importante papel de la iglesia y sus ministros en el Movimiento por los Derechos Civiles. Llegó a decir: «Está muy bien hablar del simbolismo de las "largas túnicas blancas a lo lejos" en todo su esplendor. Pero al final la gente quiere trajes y vestidos y zapatos que pueda usar aquí y ahora. Está muy bien eso de las "calles que fluyen con leche y miel", pero Dios nos ha encomendado que nos ocupemos de los bajos fondos aquí en la tierra y de sus hijos que no pueden comer tres veces al día. Está muy bien hablar de la nueva Jerusalén, pero un día, el predicador de Dios debe hablar de la nueva Nueva York, la nueva Atlanta, la nueva Filadelfia, el nuevo Los Ángeles, la nueva Memphis, Tennessee. Eso es lo que tenemos que hacer». Este pasaje debería recordarnos el versículo bíblico de Santiago 2, 17, que advierte que la fe, si no tiene obras, es muerte en sí misma.

Espero que estén de acuerdo conmigo ahora en que centrarse en las últimas estrofas del discurso de la cima de la montaña implicaría una injusticia equivalente a leer solamente las últimas estrofas del discurso del sueño. Con frecuencia, los mensajes del Dr. King eran robustos y multidimensionales. Para apreciar cabalmente el discurso y su llamado a respaldar a los trabajadores del saneamiento de Memphis en huelga, uno debe comprender las múltiples capas del discurso. Podemos seguir estudiando las palabras exactas del Dr. King y toda su riqueza, yuxtaponiendo la lectura de otras obras sobre el Dr. King, que pueden venir a cuento si la cortedad de miras prevalece. Permite pues que esta lectura del discurso te lleve de regreso al Templo

Mason en 1968. Permite que te inspire para ver el trabajo que sigue pendiente y que te anime a desear ser parte activa del cambio en tu comunidad.

—Eric D. Tidwell,
Director ejecutivo y consejero general
del Patrimonio de Martin Luther King Jr., Inc.

«HE ESTADO EN LA CIMA DE LA MONTAÑA»

3 de abril de 1968

Templo Mason,

Centro para la Iglesia de Dios en Cristo,

Memphis, Tennessee

Mi sentido agradecimiento, amigos míos. Mientras escuchaba la elocuente y generosa presentación de Ralph Abernathy, me detuve a pensar en mí mismo y me pregunté de quién estaría hablando. Siempre está bien que tu mejor amigo y socio diga algo bueno sobre ti. Y Ralph es el mejor amigo que tengo en el mundo.

Es un placer ver a cada uno de ustedes
aquí esta noche a pesar del aviso
de tormenta. Han demostrado
que tienen la determinación de seguir
adelante pese a todo. Algo está pasando
en Memphis, algo está pasando
en nuestro mundo.

¿Saben una cosa? Si me viera
al principio de los tiempos,
con la posibilidad de tener una especie
de vista panorámica y general de toda
la historia humana hasta este momento,
y el Todopoderoso me dijera:
«Martin Luther King, ¿en qué época
te gustaría vivir?»,

haría un viaje mental por el antiguo
Egipto y vería a los hijos de Dios
completar su magnífico periplo
desde los oscuros calabozos de Egipto,
o mejor dicho, los vería cruzar
el mar Rojo, a través del desierto
y hacia la tierra prometida.
Y a pesar de su magnificencia,
no me detendría ahí.

Seguiría hacia Grecia y llevaría
mi mente hasta el Monte Olimpo.

Y vería a Platón, Aristóteles, Sócrates,
Eurípides y Aristófanes reunidos
junto al Partenón, y los vería discutir
junto al Partenón sobre los grandes
y eternos asuntos de la realidad,
pero no me detendría ahí.

Continuaría, incluso, hacia los días
de gloria del Imperio romano.

Y vería los progresos de aquella época,
a través de los distintos emperadores
y líderes. Pero no me detendría ahí.

Llegaría aun a los días del Renacimiento,
para hacerme una imagen veloz
de todo lo que el Renacimiento hizo
por la vida cultural y estética de los
hombres. Pero no me detendría ahí.

Iría incluso más allá, donde vivía
el hombre en cuyo honor me nombraron.
Y vería a Martín Lutero clavar
sus noventa y cinco tesis en la puerta
de la iglesia de Wittenberg.

Pero no me detendría ahí.

Llegaría también a 1863,
y vería a un vacilante presidente
llamado Abraham Lincoln llegar por fin
a la conclusión de que debía firmar
la Proclamación de Emancipación.
Pero no me detendría ahí.

Viajaría hasta el comienzo de los años
treinta, vería a un hombre que lidia
con los problemas de la bancarrota
de su nación. Y con un grito elocuente
expresaría que no tenemos nada
que temer sino el miedo mismo.
Pero no me detendría ahí.

Por extraño que parezca, me volvería
hacia el Todopoderoso y le diría:
«Si solo me permites vivir unos años
en la segunda mitad del siglo xx,
seré feliz».

Ahora bien, esa es una afirmación
extraña, porque el mundo está hecho
un desastre. La nación está enferma.
Abundan los problemas y reina
la confusión. Esa es sin duda
una afirmación extraña.

Pero yo sé, en el fondo, que solo cuando
la oscuridad es lo suficientemente
profunda se pueden ver las estrellas.

Y veo a Dios trabajando en este periodo
del siglo xx de un modo que hace
que los hombres, a su manera,
estén respondiendo.

Algo está pasando en nuestro mundo.

Las masas de gente se están alzando.
Y donde quiera que se reúnan hoy en día,
ya sea en Johannesburgo, Sudáfrica;
en Nairobi, Kenia; en Accra, Ghana;
en la ciudad de Nueva York;
en Atlanta, Georgia; en Jackson, Misisipi;
o en Memphis, Tennessee,
el grito es siempre el mismo:
«Queremos ser libres».

Otra razón por la que estoy feliz
de vivir en esta época es que hemos
llegado a un punto en el que tendremos
que enfrentar los problemas que
los hombres ya han tratado de enfrentar
a lo largo de la historia, aunque
las circunstancias no los obligaran
a hacerlo. La supervivencia nos exige
hoy que los enfrentemos.

Desde hace años, los hombres
han estado hablando sobre la guerra
y la paz. Pero ahora ya no pueden
simplemente hablar de ello.
Ya no existe la disyuntiva entre
la violencia y la no violencia
en este mundo; es la no violencia
o la inexistencia.
Hasta ahí hemos llegado.

Lo mismo en la revolución
de los derechos humanos, si no
se hace algo, y si no se hace cuanto antes
para que las personas de color en todo
el mundo salgan de sus largos años
de pobreza, sus largos años de perjuicio
y abandono, el mundo entero
está condenado.

Ahora bien, yo simplemente
estoy contento de que Dios me
haya permitido vivir en esta época
y observar lo que sucede.
Y estoy contento de que me
haya permitido estar en Memphis.

Recuerdo... Recuerdo con claridad
cuando los Negros iban sin más,
como ha dicho Ralph,
rascándose donde no les picaba,
riéndose cuando nada
les hacía cosquillas.

Pero aquellos días se acabaron. Ahora
vamos en serio, y estamos determinados
a ganar nuestro merecido lugar
en este mundo de Dios.

De eso se trata todo esto.
Nosotros no participamos en ninguna
protesta negativa ni en discusiones
negativas con nadie. Lo que decimos
es que estamos decididos a ser hombres.
Estamos decididos a ser personas.
Lo que decimos es que somos
hijos de Dios.

Y que no tenemos que vivir
como nos obligan a vivir. Ahora bien,
¿qué significa todo esto en este
gran periodo de la historia? Significa
que tenemos que permanecer juntos.
Tenemos que permanecer juntos
y mantener la unidad. Como saben,
cuando el faraón se propuso
prolongar la esclavitud en Egipto,
tenía una fórmula predilecta
para hacerlo. ¿Cuál era? Mantener
a los esclavos peleando entre ellos.

Pero cuando los esclavos se unen, algo
sucede en la corte, y el faraón no puede
mantener a los esclavos en la esclavitud.
Cuando los esclavos se unen, ese es
el comienzo del fin de la esclavitud.

Así que mantengamos la unidad.
Y en segundo lugar, no perdamos de vista
los problemas importantes.

El problema es la injusticia.

El problema es la negativa de Memphis

a tratar con justicia y honestidad

a sus servidores públicos, como es el caso

de los trabajadores del saneamiento.

Ahora bien, tenemos que estar

atentos a esto.

Ese es siempre el problema con que
haya un poco de violencia. Ya saben
lo que pasó el otro día, y la prensa
solo habló de los escaparates rotos.
Yo leí los artículos. Apenas llegaron
a mencionar el hecho de que mil
trescientos trabajadores del saneamiento
están en huelga, y que Memphis no los
ha tratado con justicia, y que el alcalde
Loeb necesita con urgencia un médico.
No llegaron a hablar de eso.

Ahora vamos a salir a marchar de nuevo,
y tenemos que marchar de nuevo,
para situar el problema
donde le corresponde.

Y forzar a todo el mundo
a ver que aquí hay mil trescientos
hijos de Dios sufriendo, a veces
pasando hambre, pasando largas
noches oscuras preguntándose cómo
va a terminar todo. Ese es el problema.

Debemos decirle a la nación: sabemos
hacia dónde va esto. Porque cuando
la gente se ve inmersa en lo que es correcto
y está dispuesta a sacrificarse por ello,
no se detiene hasta alcanzar la victoria.

No vamos a dejar que ninguna
porra nos detenga.

En nuestro movimiento de no violencia,
somos expertos en desarmar
a las fuerzas policiales; no saben
qué hacer. Los he visto a menudo.
Recuerdo que, en Birmingham,
Alabama, durante aquella majestuosa
lucha nuestra, salíamos día tras día
desde la iglesia Baptista de la calle 16;
éramos cientos los que de ahí salíamos.

Bull Connor les ordenaba mandar
a sus perros, y en verdad venían,
pero nosotros simplemente nos
situábamos frente a los perros cantando:
«No voy a dejar que nadie me detenga».

Bull Connor decía entonces:
«Abran los cañones de agua».
Y como les dije la otra noche,
Bull Connor no sabía de historia.
Conocía un tipo de física que nada
tenía que ver con la metafísica
que nosotros conocíamos.
Porque hay una especie de fuego
que no se apaga con agua.

Así que avanzamos hacia los cañones
de agua; conocíamos bien el agua.
Si éramos baptistas o de alguna otra
confesión, ya nos habían sumergido.
Si éramos metodistas, y algunos otros,
ya nos habían rociado,
pero conocíamos bien el agua.
Aquello no podía detenernos.

Y avanzábamos ante los perros
y los mirábamos y avanzábamos
ante los cañones de agua y los
mirábamos, y nosotros simplemente
seguíamos cantando: «Por encima de mí
veo en el aire la libertad».

Y luego nos metían en los furgones policiales, a veces amontonándonos como sardinas en lata. Y nos metían ahí y el viejo Bull decía: «Llévenselos de aquí», y eso hacían; y nosotros nos íbamos en el furgón cantando: «Venceremos».

Y de vez en cuando acabábamos
en la cárcel, y veíamos a los guardias
asomados por la ventana, conmovidos
por nuestras plegarias, conmovidos
por nuestras palabras y nuestras canciones.
Y había un poder ahí contra el que
Bull Connor nada podía hacer; así que
acabamos convirtiendo al toro Connor
en un simple novillo, y ganamos
la batalla en Birmingham.

Ahora tenemos que seguir exactamente
así en Memphis. Los exhorto a estar
con nosotros este lunes, cuando salgamos.

Ahora, en cuanto a órdenes judiciales:
tenemos una orden judicial y vamos a ir
al juzgado mañana por la mañana
para luchar contra esta orden ilegal
e inconstitucional. Lo único
que le decimos a Estados Unidos es:
«Sé fiel a lo que dijiste por escrito».

Si viviera en China o incluso en Rusia,
o en cualquier país totalitario, quizás
podría entender algunos de estos
requerimientos ilegales, quizás
podría entender en parte esta negación
de los privilegios otorgados
por la Primera Enmienda, porque allá
no se han comprometido
con estos principios.

Pero en algún lugar leí
sobre la libertad de asociación.
En algún lugar leí
sobre la libertad de expresión.
En algún lugar leí
sobre la libertad de prensa.
En algún lugar leí
que la grandeza de Estados Unidos
reside en el derecho a manifestarse
por los derechos.

Así que, como digo, no vamos a permitir
que ningún perro ni ningún cañón de
agua nos disuada, no vamos a permitir
que ninguna orden judicial nos disuada.

Vamos a seguir adelante.
Los necesitamos a todos ustedes.
Y ya saben que lo que me parece
más hermoso es ver a todos
estos ministros del Evangelio.

Es una escena maravillosa.

¿Quién podría articular los anhelos
y las aspiraciones de la gente
mejor que el predicador?

De algún modo, el predicador
debe albergar una especie de fuego
en los huesos, y dondequiera que vea
una injusticia, debe señalarla.
De algún modo, el predicador debe
ser como Amós, y decir:
«Si habla el Señor,
¿quién no profetizará?».

Una vez más con Amós:
«Pero corra el juicio como las aguas,
y la justicia como impetuoso arroyo».
De algún modo, el predicador
debe decir, como Jesús:
«El Espíritu del Señor está sobre mí,
por cuanto me ha ungido para dar
buenas nuevas a los pobres».

Y quiero encomiar a los predicadores,
bajo el liderazgo de estos nobles hombres:
James Lawson, quien ha estado
en esta lucha desde hace muchos años;
ha sido encarcelado por esta lucha;
fue expulsado de la Universidad
de Vanderbilt por esta lucha,
pero sigue adelante, combatiendo
por los derechos de su gente.

El reverendo Ralph Jackson, Billy Kyles:
podría seguir con la lista, pero el tiempo
no alcanzaría. Pero quiero agradecerles
a todos ellos. Y quiero que ustedes
les agradezcan, porque a menudo
los predicadores no se preocupan
más que por sí mismos.

Siempre me alegra ver un ministerio
relevante. Está muy bien hablar
del simbolismo de las «largas túnicas
blancas a lo lejos» en todo su esplendor.
Pero al final la gente quiere trajes
y vestidos y zapatos que pueda usar
aquí y ahora.

Está muy bien eso de las
«calles que fluyen con leche y miel»,
pero Dios nos ha encomendado
que nos ocupemos de los bajos fondos
aquí en la tierra y de sus hijos que no
pueden comer tres veces al día.

Está muy bien hablar de
la nueva Jerusalén, pero un día,
el predicador de Dios debe hablar
de la nueva Nueva York,
la nueva Atlanta, la nueva Filadelfia,
el nuevo Los Ángeles,
la nueva Memphis, Tennessee.

Eso es lo que tenemos que hacer.
Luego, la otra cosa que tenemos
que hacer es esta:

Anclar siempre nuestra acción directa
al poder económico del boicot.

Nosotros somos individualmente gente
pobre, somos pobres si nos comparamos
con la sociedad blanca estadounidense.
Somos pobres.

Pero nunca olviden que colectivamente,
es decir, todos nosotros juntos,
colectivamente somos más ricos
que el resto de las naciones del mundo,
con la excepción de nueve.
¿Habían pensado en eso?

Si no contamos a Estados Unidos,
la Rusia Soviética, Gran Bretaña,
Alemania Occidental, Francia,
y podría nombrar a las otras,
colectivamente los Negros somos
más ricos que la mayoría de las naciones
del mundo. Tenemos un ingreso
anual de más de treinta mil millones
de dólares, lo cual es más que todas
las exportaciones de Estados Unidos,
y más que el presupuesto
nacional de Canadá.

¿Lo sabían?

Eso es poder puro y duro,
si sabemos cómo usarlo.

No tenemos que discutir con nadie.
No tenemos que maldecir e ir por ahí
usando las palabras vilmente.

No necesitamos ladrillos ni botellas,
no necesitamos cocteles Molotov,
solo tenemos que acudir a las tiendas,
a las inmensas industrias de nuestro país,
y decirles: «Dios nos mandó aquí
para decirles que no están tratando
bien a sus hijos.

»Y hemos venido a pedirles
que hagan del trato justo una prioridad,
en lo que respecta a los hijos de Dios.

»Ahora bien, si ustedes no están
preparados para hacerlo, nosotros sí
tenemos un programa que seguir.
Y nuestro programa implica retirarles
nuestro apoyo económico».

Entonces, a cuenta de todo esto,
esta noche les estamos pidiendo a ustedes
que vayan a decirles a sus vecinos
que no compren Coca-Cola en Memphis.

Vayan y díganles
que no compren leche Sealtest.

Díganles que no compren...
¿cuál es el otro pan? Pan Wonder.
Y ¿cuál es la otra empresa de pan, Jesse?
Díganles que no compren pan Hart's.

Como ha dicho Jesse Jackson:
hasta hoy, solo los recolectores de basura
han sentido dolor; ahora debemos,
en cierto modo, redistribuir el dolor.

Elegimos a estas empresas porque
no han sido justas en sus políticas
de contratación; y las elegimos porque
ya pueden afirmar que respaldarán
las necesidades y los derechos
de estos hombres que están en huelga.

Y luego podrán ir al centro de la ciudad
y decirle al alcalde Loeb
que haga lo correcto.

Pero no solo eso; tenemos que fortalecer
las instituciones Negras.

Los exhorto a todos a sacar su dinero
de los bancos del centro y depositar
su dinero en el TriState Bank.

Queremos un movimiento de «bancos
propios» en Memphis. Así que pasen
por la cooperativa de ahorro y crédito.
No les estoy pidiendo que hagan algo
que no hagamos nosotros mismos
en la CLCS. El juez Hooks y otros
les confirmarán que tenemos una cuenta
de la Conferencia de Liderazgo Cristiano
del Sur (CLCS) aquí, en la cooperativa
de ahorro y crédito.

Les pedimos que sigan nuestro ejemplo.
Guarden ahí su dinero.

Existen unas seis o siete compañías
de seguros Negras en la ciudad
de Memphis. Contraten ahí su seguro.
Queremos tener «seguros propios».

Bien, estas son algunas de las cosas
prácticas que podemos hacer.
Empezamos el proceso de construir
una base económica más firme.
Y al mismo tiempo ejercemos presión
donde más les duele.
Les pido que cumplan con esto.

Bien, déjenme decirles, mientras me encamino a la conclusión, que debemos entregarnos a esta lucha hasta el final.

Nada sería más trágico que detenernos
en este punto, en Memphis. Tenemos
que llegar hasta el final.

Y cuando emprendamos nuestra
marcha, ustedes tienen que estar ahí.
Aunque tengan que irse del trabajo,
aunque tengan que abandonar el aula,
tienen que estar ahí.

Preocúpense por sus hermanos. Quizás
ustedes no estén en huelga.

Porque o subimos todos juntos
o nos hundimos todos juntos.

Tratemos de desarrollar, digamos,
una peligrosa falta de egoísmo.

Una vez un hombre se acercó a Jesús;
quería plantear algunas preguntas sobre
asuntos fundamentales de la vida.
Por momentos, quería engañar a Jesús,
mostrar que él sabía un poco más
que Jesús, y así confundirlo.

Ahora bien, ese asunto pudo haber terminado fácilmente en un debate filosófico y teológico. Pero Jesús captó al vuelo el asunto y lo situó en una peligrosa curva entre Jerusalén y Jericó.

Y habló sobre un hombre que cayó en manos de ladrones. Como recordarán ustedes, un levita y un sacerdote pasaron junto a este hombre. No se detuvieron a ayudarlo.

Finalmente pasó un hombre de otra raza.
Bajó de su bestia, decidió no ser compasivo
a la distancia, sino que fue a su lado,
le prestó auxilio, ayudó al hombre
necesitado. Jesús terminó diciendo:
este era el hombre bueno, este era
el gran hombre, porque fue capaz
de proyectar el «yo» hacia el «tú»,
y preocuparse por su hermano.

Como saben, nos valemos de nuestra
imaginación para tratar de precisar
por qué el sacerdote y el levita
no se detuvieron.

A veces decimos que estaban ocupados,
que iban a una reunión de la iglesia
—un compromiso eclesiástico—
y que tenían que seguir hacia Jerusalén
para llegar a tiempo a su reunión.

Otras veces especulamos con una ley
religiosa según la cual «aquel
que participe en ceremonias religiosas
no puede tocar un cuerpo humano
veinticuatro horas antes de la ceremonia».

Y de vez en cuando nos preguntamos
si quizás no se dirigían a Jerusalén
o a Jericó, sino a organizar una
«Asociación por la Mejora
de los Caminos en Jericó».
Esa es una posibilidad. Tal vez sintieron
que era mejor atacar el problema
desde la raíz, en vez de enredarse
en un esfuerzo individual.

Pero les voy a contar lo que me dice
mi imaginación.

Es posible que estos hombres
tuvieran miedo.

Verán, el camino a Jericó
es un camino peligroso.

Recuerdo cuando la señora King y yo
fuimos por primera vez a Jerusalén.
Rentamos un coche y manejamos
de Jerusalén a Jericó.

Tan pronto como tomamos aquella
carretera, le dije a mi esposa:
«Ya veo por qué Jesús usó este sitio
como escenario de su parábola».
Es un camino tortuoso y serpenteante.
Es realmente favorable a las emboscadas.
Sales de Jerusalén, que está a 1200 millas
—o, mejor dicho, a 1200 pies—
sobre el nivel del mar.

Y cuando llegas a Jericó, quince o veinte
minutos después, estás a unos 2200 pies
bajo el nivel del mar.
Es un camino peligroso.

En los tiempos de Jesús llegó
a ser conocido como la
«Subida de sangre».

Y saben algo, es posible que el sacerdote
y el levita hayan visto a aquel hombre
en el suelo y se hayan preguntado
si no seguirían por ahí los ladrones.

O es posible que creyeran que el hombre
en el suelo simplemente fingía. Y que
actuaba como si le hubieran robado
y lo hubieran lastimado a fin de atraerlos
hasta donde estaba para un robo
veloz y fácil. Así que la primera pregunta
que se hizo el levita fue:
«Si me detengo a ayudar a este hombre,
¿qué va a ser de mí?».

Pero luego pasó el Buen Samaritano. Y él invirtió la pregunta: «Si no me detengo a ayudar a este hombre, ¿qué será de él?». Esa es la pregunta para ustedes esta noche. No «¿qué será de mi trabajo si me detengo a ayudar a los trabajadores del saneamiento?». No «¿qué sucederá con todas las horas que normalmente paso en mi oficina como pastor, cada día y cada semana, si me detengo a ayudar a los trabajadores del saneamiento?».

La pregunta no es: «Si me detengo
a ayudar a este hombre necesitado,
¿qué será de mí?». La pregunta es:
«Si no me detengo a ayudar
a los trabajadores del saneamiento,
¿qué será de ellos?». Esa es la pregunta.

Levantémonos esta noche
con mayor presteza.

Levantémonos
con mayor determinación.

Y avancemos en estos días poderosos,
estos días llenos de desafíos para hacer
de Estados Unidos lo que debería ser.
Tenemos una oportunidad para hacer
de Estados Unidos una mejor nación.

Y quiero agradecerle a Dios, una vez más,
por permitirme estar aquí con ustedes.

Saben, hace varios años estaba yo
en Nueva York autografiando
el primer libro que escribí.

Y mientras estaba ahí autografiando
libros, una mujer negra demente se me
acercó. La única pregunta que oí de ella
fue: «¿Es usted Martin Luther King?».
Yo estaba concentrado en lo
que escribía, y dije que sí.

Un instante después sentí que algo
me golpeaba el pecho. Antes de que
pudiera darme cuenta, aquella mujer
trastornada me había apuñalado.

Me llevaron de prisa al Hospital de
Harlem. Era una oscura tarde de sábado.
La navaja había penetrado,
y los rayos X revelaron que la punta
de la navaja estaba en el límite
de mi aorta, la arteria principal.

Una vez que se perfora la aorta,
te ahogas en tu propia sangre,
ahí acaba todo.

Al día siguiente en el *New York Times*
decían que si tan solo hubiera
estornudado, me habría muerto.

Bueno, pues unos cuatro días más tarde
me permitieron, después de la operación,
después de que me abrieran el pecho
y sacaran la navaja, moverme por
el hospital en una silla de ruedas.

Me permitieron leer algunas de las cartas
que habían llegado, y de todos los estados,
de todo el mundo, me llegaron
cartas amables.

Leí unas cuantas, pero hay una
que nunca olvidaré.

Había recibido una carta del presidente
y del vicepresidente. He olvidado lo que
decían esos telegramas. Había recibido
la visita y una carta del gobernador
de Nueva York, y he olvidado lo que decía
la carta. Pero llegó otra carta de una niña,
de una joven que era estudiante
de la Escuela Secundaria de White Plains.

Miré la carta y nunca la olvidaré.
Decía simplemente: «Querido señor King:
soy una estudiante de noveno grado en
la Escuela Secundaria de White Plains».
Decía: «Aunque esto no debería
importar, quisiera mencionar que soy
una chica blanca. Leí en el periódico
sobre su desgracia y su sufrimiento.

»Y leí que si usted hubiera estornudado,
habría muerto. Y le escribo simplemente
para decirle que estoy muy feliz
de que no haya estornudado».

Y esta noche quiero decirles, quiero
decir que yo también estoy feliz
de no haber estornudado. Porque si
hubiera estornudado no habría estado
aquí en 1960, cuando estudiantes de todo
el Sur empezaron con las sentadas
de protesta en las barras de las cafeterías.

Y supe que al sentarse, se levantaban
por lo mejor del sueño americano
y llevaban a toda la nación de vuelta
a aquellos inmensos pozos profundos
de la democracia que los Padres
Fundadores cavaron en la Declaración
de Independencia y en la Constitución.

Si hubiera estornudado, no habría
estado ahí en 1961, cuando decidimos
hacer la caravana por la libertad
y acabar con la segregación en los viajes
interestatales. Si hubiera estornudado,
no habría estado ahí en 1962, cuando
los Negros de Albany, Georgia, decidieron
enderezar las espaldas.

Y cuando los hombres y las mujeres
enderezan las espaldas, quiere decir
que están avanzando, porque nadie
puede cabalgar sobre tu espalda
a menos que esté inclinada.

Si hubiera estornudado, no habría estado
ahí en 1963, cuando la gente Negra de
Birmingham, Alabama, despertó
la conciencia de esta nación y trajo
al mundo la Ley de Derechos Civiles.
Si hubiera estornudado, no habría tenido
la oportunidad, más tarde ese mismo año,
en agosto, de tratar de decirle
a Estados Unidos el sueño que tuve.

Si hubiera estornudado, no habría
estado en Selma, Alabama, para ver
el gran movimiento que hubo ahí.
Si hubiera estornudado, no habría estado
en Memphis para ver a una comunidad
unida en torno a esos hermanos
y hermanas que están sufriendo.
Estoy muy feliz de no haber estornudado.

Y me decían: ahora ya no importa.
Realmente ya no importa lo que suceda
ahora. Salí de Atlanta esta mañana, y
mientras arrancaba el avión, éramos seis,
el piloto dijo por el altavoz: «Perdón por
el retraso, pero tenemos al Dr. Martin
Luther King en el avión.

»Y para asegurarnos de que todas
las maletas fueran revisadas, y para
asegurarnos de que no hubiera nada
mal con el avión, tuvimos que examinar
todo cuidadosamente. Y el avión estuvo
vigilado y protegido toda la noche».

Luego llegué a Memphis. Y algunos empezaron a hacer amenazas o a hablar de las amenazas que se habían hecho. ¿Qué podría pasarme por algunos de nuestros enfermos hermanos blancos?

Bueno, no sé qué vaya a pasar ahora.
Tenemos algunos días difíciles
por delante.

Pero a mí ya me da lo mismo.
Porque he estado
en la cima de la montaña.

Y no me importa. Como a cualquier
persona, me gustaría vivir muchos años.
La longevidad tiene su importancia.

Pero no me preocupo por eso ahora.
Solo quiero hacer la voluntad de Dios.

Y Él me ha permitido
subir a la montaña. Y he podido ver
todo desde ahí. Y he visto
la tierra prometida.

Quizás no llegue hasta ahí con ustedes.
Pero quiero que sepan esta noche
que nosotros, como pueblo, llegaremos
a la tierra prometida.

Y estoy feliz esta noche.
No me preocupa nada. No tengo miedo
de ningún hombre. Estos ojos míos
han visto la gloria de la venida del Señor.

Epílogo

Seguir hacia la cima de la montaña

A lo largo de la historia ha habido momentos que, trascendiendo en el tiempo, han inspirado a varias generaciones a alzarse contra la injusticia en busca de una sociedad más equitativa. El discurso del reverendo Dr. Martin Luther King Jr., «He estado en la cima de la montaña», representa el testamento atemporal de un inquebrantable espíritu de resiliencia, determinación y esperanza. Al reflexionar sobre el profundo impacto de las palabras del Dr. King, me viene a la memoria la constante lucha por el empoderamiento económico y la búsqueda de un futuro más alentador. Escribir este epílogo vislumbrando un camino inspirado por el legado del Dr. King es un gran honor, que asumo con responsabilidad.

La trágica ironía del último discurso del Dr. King es que fue asesinado al día siguiente, el 4 de abril de 1968, en el Motel Lorraine de Memphis. Su muerte conmocionó al país entero y encendió la mecha de la indignación, el duelo y una renovada determinación a seguir luchando por los derechos civiles. Sus palabras en «He estado en la cima de la montaña» sirvieron de consigna a los activistas y de fuente de inspiración para aquellos que anhelaban una sociedad más justa e igualitaria. El movimiento por los derechos civiles persistió y, con el paso de las décadas, obtuvo victorias importantes, incluida la desegregación de las escuelas, la expansión del derecho al voto y la elección de personas afroamericanas para desempeñar cargos públicos.

El último discurso público del Dr. King resonó con la urgencia de confrontar las profundas injusticias que perpetuaron el racismo sistémico y la marginación económica. Llamó a una redistribución radical del poder económico, abogando por la fuerza colectiva de las comunidades Negras para mejorar su situación. Señaló el poder de la autosuficiencia económica como un medio para liberarnos de las ataduras de la pobreza y la discriminación.

En las décadas posteriores al discurso del Dr. King, los empresarios y líderes Negros han buscado poner en práctica su mensaje, abriendo caminos al crecimiento económico, la riqueza generacional y la autosuficiencia. Conforme el movimiento fue ganando fuerza, se hizo evidente que el empoderamiento económico no era un asunto de mero beneficio material; se trataba de reescribir el relato y reescribir la historia, una cosa a la vez. Se trataba de fomentar una cultura de la abundancia, donde los profesionistas y los emprendedores Negros pudieran prosperar, y las futuras generaciones pudieran soñar sin límites.

Sin embargo, al reflexionar sobre el progreso logrado desde aquel profético discurso del Dr. King, no podemos ignorar los desafíos que siguen entorpeciendo nuestra búsqueda de justicia económica. Persiste la brecha racial en la distribución de la riqueza, que, a su vez, sofoca la movilidad económica y perpetúa desigualdades sistémicas. El Dr. King advirtió que tal vez no viviría para ver la realización de la igualdad racial y la justicia, pero nos urgió a continuar con la lucha y a no dejarnos desalentar por los desafíos y las amenazas que enfrentaríamos a lo largo del camino hacia la cima de la montaña.

Para continuar la marcha hacia el empoderamiento económico, debemos valernos del poder de la acción colectiva, forjando alianzas transversales entre diversas industrias, comunidades y generaciones. Debemos exigir a las corporaciones, los gobiernos y las entidades filantrópicas, la responsabilidad de crear caminos sostenibles para que los empresarios y profesionistas Negros prosperen. Más aún: debemos desafiar los obstáculos estructurales que entorpecen el crecimiento y la sustentabilidad de nuestras comunidades y nuestros negocios, ya sea a través de la economía cooperativa o de las huelgas y boicots. Las políticas que incentiven las prácticas equitativas de aprovisionamiento y licitación, promuevan la diversidad de proveedores y hagan frente a la discriminación sistémica serán vitales para desmantelar las barreras que perpetúan la desigualdad económica.

Mediante la lucha por estos cambios nos acercaremos a esa sociedad equitativa que vislumbró el Dr. King, en la que el color de piel de una persona no dicta su destino económico. «He estado en la cima de la montaña» fue un discurso emotivo e inspirador que enfatizó en la importancia de la unidad, la no violencia y la perseverancia en la lucha por los derechos civiles y la justicia social. En nuestro camino hacia el empoderamiento económico, debemos recordar la potencia que tienen nuestras comunidades. El Dr. King entendió la fuerza de la unidad y el poder transformador de los movimientos comunitarios. Su sueño se mantiene vivo, y nos corresponde a nosotros llevarlo adelante, asegurando que su visión se convierta en una realidad para las generaciones futuras. Así es como honramos el legado del Dr. Martin Luther King Jr. y así es como llegaremos a la cima de la montaña.

—Mandy Bowman
Fundadora y CEO,
Official Black Wall Street

Acerca de Martin Luther King Jr.

El Dr. Martin Luther King Jr. (1929-1968), líder de los derechos civiles y ganador del Premio Nobel de la Paz, inspiró y dio continuidad a la lucha por la libertad, la no violencia, la hermandad interracial y la justicia social.

Acerca de Eric D. Tidwell

Eric D. Tidwell es un abogado empresarial y de propiedad intelectual que ha sido, durante mucho tiempo, director ejecutivo del Patrimonio de Martin Luther King Jr. y de su brazo de licencias y gestión, Intellectual Properties Management, Inc., donde también se desempeña como consejero general. Tidwell ha estado al fiel servicio del legado del Dr. King y de la familia King por más de veinte años. En ese tiempo ha trabajado en distintos cargos, incluidos los de director de finanzas y director ejecutivo del Centro para el Cambio Social No Violento Martin Luther King Jr., en Atlanta, Georgia. En su posición actual, es responsable de la gestión internacional, la protección legal y las licencias de la propiedad intelectual del Dr. King, que incluyen su nombre, imagen, apariencia, palabras bajo licencia de copyright, derechos publicitarios y grabaciones sonoras. Además de ostentar un Doctorado en Derecho, este oriundo de Detroit cuenta con una Licenciatura en Contabilidad y Finanzas.

Acerca de Mandy Bowman

Mandy Bowman es fundadora y consejera delegada de Official Black Wall Street, la aplicación y plataforma digital más grande y premiada, que ayuda a los consumidores a descubrir y reseñar negocios de propietarios Negros, así como a comprar en ellos. Tras estudiar Administración de Empresas y Comercio Internacional en Babson College, Bowman se propuso empoderar a la comunidad Negra por medio de la economía y la propiedad. Desde entonces, en reconocimiento a su trabajo, Bowman ha sido incluida en la lista Next 1000 de la revista *Forbes* y en la lista de las 100 Mujeres Poderosas en el Mundo de los Negocios de la revista *Entrepreneur*.

Acerca de Daniel Saldaña París

Daniel Saldaña París es escritor y traductor nacido en Ciudad de México. Ha sido becario de Art Omi, de MacDowell y del Cullman Center for Scholars and Writers de la Biblioteca Pública de Nueva York. En 2017 fue reconocido por el Hay Festival como uno de los mejores escritores menores de 40 años de América Latina, y en 2020 ganó el Premio de Literatura Eccles Center y Hay Festival de la Biblioteca Británica.